율도국 견문록

김종원 시집

문학공원 시선 272

울도국 견문록

김종원 시집

문학공원

 시집을 내며

나이 80줄에 선택한 일 중에
참 잘했다고 생각되는 건
시와 사귀며 배우는 일이었습니다

제가 아는 '시'라는 친구는
순박하고 간결해서 편안했고
여백이 있어 부대낌 없이 그냥 즐거웠습니다

시집을 낸다는 게 뭘 남긴다는 성취감보다
사람들 앞에 발가벗은 부끄러움이 앞서더군요

그대가 덜 익은 저의 글 중의 한 마디로 인해
가슴에 꽃을 피우는 계기가 되길 두 손 모읍니다

2025년 가을

김 종 원

차례

시집을 내며 … 5

제1부 양철통 비빔밥

신들의 족보 전쟁 … 12
어느 시인의 정치학 원론 … 14
율도국 견문록 … 16
시(詩)가 된 굿소리 … 18
가자 지역에서 온 예수 … 20
지문(指紋)의 지문(地文) … 22
증기기관차의 하소연 … 24
입산 신고하던 날 … 26
양철통 비빔밥 … 28
화마(火魔) … 30
음모설에 얽힌 두더지 … 32
휘날리는 태극기 … 34
시 공부의 외도 … 36
AI가 쓴 시 … 38
죽으러 가는 전봉준 … 40
씨 … 42
인생길 〈그림 시〉 … 44
태극기의 정체 〈그림 시〉 … 45
예수와 부처의 밀회 〈그림 시〉 … 46

제2부 어린 시인의 눈물

대저 토마토 … 48
혼자 하는 술래놀이 … 50
횡재(橫財) … 52
고향의 은덕(恩德) … 54
남이섬 청둥오리 … 56
울 밑에 핀 무궁화 … 58
단감나무 … 60
저승에서 온 편지 … 62
솔잎 지던 날 … 64
어린 시인의 눈물 … 66
노인 예찬론 … 67
덕유산 떡두꺼비 … 68
안경 … 70
은하수와 날치 … 71
밤에 피는 분꽃 … 72
나의 짝꿍 건후 … 74
삼랑진 나루에서 … 75
시(詩)와의 밀회(密會) … 76

차례

제3부 어머니의 눈꽃

무당개구리 … 80
일출을 보며 … 82
제주도의 웅지(雄志) … 83
남강에 핀 철쭉꽃 … 84
홍매화의 전설 … 86
이르노니 바람이라 … 88
어머니의 눈꽃 … 89
사라진 마음을 찾아서 … 90
사랑의 진화 … 92
담쟁이 … 93
체면 지키는 사철나무 … 94
어린 손녀의 대통령 뽑기 … 96
'미(美)'자의 일용(日用) … 97
홍시(紅柿) … 98
단풍잎 지는 밤 … 99
시인을 부르는 강 안개 … 100
붉은 사상가 … 102
한민족의 감별법 … 104

제4부 찔레꽃 순애보

태통령(太統領) 임명장 … 106
요상한 손님들 … 108
꿈에서 만난 연인 … 110
별에서 온 사신 … 112
시국 강연 … 114
발왕산 주목나무 … 116
석류꽃 떨어질 때 … 117
과일나무 전지법 … 118
찔레꽃 순애보 … 120
하늘을 나는 잉어 〈시조〉 … 121
민들레 송가 〈시조〉 … 122
연꽃을 바라보며 〈시조〉 … 123
바다 … 124
갯벌의 송가 … 126
삶의 길 〈디카시〉 … 129
가랑잎 굴러서 〈디카시〉 … 130
허공의 일생 〈디카시〉 … 133
외딴섬 … 134
느티나무 옹이 〈디카시조〉 … 135

차례

작품해설

김순진(문학평론가 · 한국문인협회 이사)
다양한 도구를 통한 겸양과 치유의 시학 … 138

제1부
양철통 비빔밥

신들의 족보 전쟁

신들이 자기 영토를 넓히기 위해 싸우고 있다
한 혈통으로 태어나 이름난 신일수록
패권 대결이 잔인하고 치열하다

귀중한 생명과 생활 터전을 잃고 내몰린
난민의 삶은 아수라장이다

신들의 독선이 전쟁의 불씨임을 모르는 채
천년을 이어 온 불꽃놀이는 끝이 없다

인간의 자유를 압살하는 집단도
그들의 존재 가치를 입증하려 애쓴다

그러나 죽은 신들은 믿음의 증언도 없이 군림하며
빈주먹 기도로 면죄부를 청구한다

인류는 죽음의 편익을 위한 알량한 신을 증오한다

또한 복수를 위한 순교를 부추기는 신을 거부한다

죽음을 찬미하는 신은 하늘의 뜻을 땅에서
이루지 못해 스스로 소멸한다

따스한 미풍에 꽃봉오리 절로 피듯 새로운 신은
타는 가뭄에 단비처럼 사랑의 숨결로 다가온다

생명을 연민하는 초인이
외계인처럼 강림하길 기다린다

어느 시인의 정치학 원론

정치는 생명의 보전을 위해 환경을 조율하는 예술이다
이데아 건너편에 실존하는 꿀벌의 꿀 따기 기술이다

정치인은 가치의 주가를 조작하는 마술사이다
정치인은 이념과 현실의 간극에서
믿음을 매도하는 경매사이다

인간의 집착은 철썩이는 욕망의 파도이며
욕망은 '자유와 평등'을 짓밟는 이념의 장벽이다
자유 없는 평등은 먹구름 속에 우렛소리이며
평등 없는 자유는 가슴을 들쑤시는 헛바람이다

자유와 평등은 서로를 보완하는 혈맹의 쌍둥이다

그렇기에,
 솔론*은 사랑으로 자유로운 평등을 창출한 시성(詩聖)이요

굴원**은 인성을 직관하여 욕구를 조정한 시선(詩仙)이다
 이들은 현대 정치를 달관한 우뚝 솟은 표상이다

 인간은 끝없는 욕망에 목말라 늘 저항한다
 때로는 명료한 의식을 더 넓게 깨워 삶을 개척한다
 인간을 치유하는 건 영혼의 완연한 자유이다

 정치는 영혼의 기쁨을 예감하여
 시혼을 꽃피우는 일이다

* 솔론 : 고대 그리스 아테네의 최고 행정관을 역임한 정치가이자 시인(기원전 638년~기원전 558년)
** 굴원 : 전국시대 초기 초나라의 정치가이자 시인(기원전 343? 년~기원전 278? 년)

율도국 견문록

 호주산 철광석 10만 톤을 선창에 싣고 북상하여
 류큐열도를 항해 중에 태풍을 만나 거대한 화물선이
침몰했다
 나는 바닷물에 휩쓸려 혼절하여 깨어나 보니
 미지의 나라 해변에서 구조되어 치료를 받고 있다
 옛날에 홍길동이 여기에 도읍을 정한 전설을 들려주며
 나를 홍 두령님이 구원한 사람이라며 같이 살자고
청원한다
 멧돼지 바비큐에 곁들인 타피오카빵을 호식하며
 인정스런 이웃과 어울려 지낸다
 어린아이들은 숲과 모래밭을 누비며 자연을 학습하고
 어른들은 파초포로 옷을 짓고 진주조개를 캐러 다닌다

 이 나라는 권력과 재물을 사유하지 않는 게 불문율
이라
 국민의 기초생활과 교육 의료는 정부가 무료로 촘촘
히 보살핀다

신성한 노동은 삶을 위한 기본 가치이기에
　인간 차별과 탐관오리가 없는 공평한 공동체 사회를
이루었다
　'로버트 오언의 뉴하모니'는 여기서 유래한 게 아닐까
　교리나 이데올로기를 벗어난 자연의 조화에 따라
　협동하는 이상촌을 건설했으니 말이다
　착취와 폭압이 없어 생활환경에 주눅들지 않고
　자율의 질서가 있는 평화로운 지상의 천국이다

　현해탄의 검푸른 파도를 넘나드는 율도국
　그 위대한 전설은 내 가슴에 핏줄로 이어진다
　그 후예는 쿠로시오 해류처럼 강강술래 군무를 추며
　태평양 건너 아메리카 대륙을 휩쓸고 있다
　율도국 홍길동 왕의 염원을 기리며 나도 몰래 만세
를 외치다가
　마누라 발길질에 퍼뜩 깨보니 꿈이었다

시(詩)가 된 굿소리

태초에 신(神)내림이 있었다
위안을 주는 굿놀이가 있었다
한얼님 모시는 평화로운 배달(倍達)에게는

피 묻은 삶 벼락같은 죽음이 두려워
전설의 시가(詩歌)를 부르며 주문을 외운다
바깥바람이 산신각(山神閣)을 구석으로 밀어내기까지는

치성을 다 해 원융(圓融)한 삶이 이뤄지길
두 손 모아 빈다
향가(鄕歌)에 버무린 관솔냄새 나는 염원을
제문(祭文)에 담아 하늘에 아뢴다

신령님 잠 깨우려 꽹과리 치며 시퍼런 작두칼
밟고 올라 접신(接神)을 노래한다
그대는 생사를 초탈한 육탄의 시(詩)를 보았는가
모래바람의 천사는 외면하겠지만

〈

독주하는 사상은 새까맣게 타버린
누룽지가 된 지 오래다
나는 문명에 까무러져 구조를 요청한다
유람선에 들려오는 구성진 트로트 가사를 들으며

대물 하나 건지려 삼봉낚시를 드리운다
진실을 모르면서 정의를 안다는 베스 놈
무식을 모르면서 유식을 안다는 쏘가리 놈이
설쳐대어 나는 잡귀신 잡는 현대시를 쓴다

태곳적 오감에 굿소리 들리는 날엔
시어를 찾느라 니어(泥漁)처럼 침잠한다

가자 지역에서 온 예수

가자 지역에서 피난 온 예수가 설교를 한다

하이고 식겁했네
뙤약볕에 매달려 죽는 건 장난이야
만신창이가 되어 몇 날을 돌무덤에 묻혔다가
불길을 헤치고 간신히 살아서 왔네

나를 믿지 않고 영생의 열매만 믿는 자들아
내가 흘린 피가 너희를 구원하리라 생각지 마라
너희 구원은 너희가 이루는 것이니
나에게 기적을 바라지 마라

사랑은 권세보다 강한 법이니
괜히 나를 하느님의 독생자라 칭송하지 마라
내가 불구덩이에 묻혀 사라졌으면 어쩔뻔 했느냐
나를 모른다고 거짓말을 하지 않겠느냐

독선으로 나를 욕되게 한 주검들에게 속죄하리라
다시는 나에게 용서를 빌지 마라
오직 이 땅에 하늘나라를 만들 것이니
여기가 천당임을 증언하라

설교를 마친 예수는 '알라 알라'하고 가버렸다

지문(指紋)의 지문(地文)

 그를 만나는 날은 심상찮은 일이 벌어진다
 보일 듯 말 듯 자잘하게 기록된 그의 지문(地文)을 보고
 특정인을 가려내며 감별한다
 몸이 닳도록 품팔이하느라 흔적 없이 사라진
 그가 보이지 않아 애를 태운다

 그는 깔깔한 댓잎 바람이 불어오는 달빛 아래
 절벽을 휘돌아 흐르는 해안에서
 강강술래 춤을 늠름하게 추고 있다
 가슴에 맺힌 핏빛 자국을 안고 아픔을 견디느라
 비틀대는 노목의 나이테처럼 속살을 찬찬히 채우고 있다

 주름진 우주 공간에 실가닥 같은 태백산맥의 능선처럼
 그는 빡센 삶을 의연하게 살고져 한다
 은하수에 잠긴 태평양 해구(海溝)를 따라

묵묵히 한 길로 달려가고 있다

늙은이의 지문(指紋)은 도요 가마에 불 지펴
여백에 새 무늬를 새기는 미완의 조각상이다

다만 지문(指紋)은 지워져도 그의 지문(地文)은 지워지지 않는다

중기기관차의 하소연

칙 칙 폭 폭 칙 칙 폭 폭 산마을 떠나
칙칙폭폭 칙칙폭폭 북으로 간다

치치 폭폭 치치 폭폭 석탄 빵을 구워 먹고
칙칙 퀘엑 칙칙 퀘엑 검댕이를 출산한다

취직취직 취직취직 서울로 가서
척척 빵빵 척척 빵빵 헛배가 부르다

칙칙 퍽퍽 칙칙 퍽퍽 숨이 차올라
씨씨벌벌 씨씨벌벌 죽을 맛이여

쥐쥐 포포 쥐쥐 포포 목구멍이 울어
치치포포 치치포포 발바닥에 불난다

쭉쭉 방방 쭉쭉 방방 살만하니까
치 익 치 익 쓰 으 벌써 종착역이네

〈
쒸 익 쒸 익 시 잇 맥이 다 빠져
뜨거운 심장은 간 곳이 없다

이제 와서 터우* 타고 고향 가려니
등뼈마다 녹이 슬어 헛바퀴 돈다

* 터우 : 1906년 미국에서 제작된 증기기관차, 한국은 1919년부터 도입하여 운행하였음

입산 신고하던 날

고등학교 졸업 후에 부처를 모시려
무척산 안양암에 기거했다

내 업보가 고약해서 밤하늘 별들을 구름에
한 쌈 싸니 전어 냄새가 난다
은비늘이 흐르는 은하수에 참이슬이
소주처럼 찰랑댄다

발그레한 달빛 아래 댓잎이 까슬하여
산닭은 홰를 쳐서 길냥이가 잠을 깬다
지네 발이 벽지를 긁어 마른 잎사귀처럼
살금살금 귓가를 스친다

나는 초가을 햇살에
칸나처럼 졸며 불경을 읽는다

비탈밭에 산머루가 물컹이는 밤

여우들이 모여 앉아 잔치를 할 때
나는 가까운 계곡에서 멱을 감는다

무엇이 '허' 외마디 비명을 지르며
내 어깨를 뛰어넘는다
엉겁결에 빨가벗은 채 가까운 법당으로 뛰어드니
참배하던 보살님들이 기겁한다

하이고 야단났네
내일은 하산해야겠구나
아무나 중 되는 게 아니구먼
이불을 돌돌 말아 방구석에 꿇어앉았다

아(兒)야 어딨노
이제야 산신령께 입산 신고했구먼…

단전이 밀어 올린 '허'라는 노루의 울음은
'허공을 깨치라'는 화두라네

양철통 비빔밥

비빔밥을 먹으면 떠오르는 사람이 있다
초등학교 시절 사범학교 갓 나온
우재근 담임선생님

오늘은 비빔밥 한번 해 먹자 하시며
점심 도시락을 전부 거두어 양철함지에 붓고
밥주걱으로 쓱쓱 비벼 골고루 나눠 주신다

하얀 쌀밥에 소고기 조림을 싸 온 면장 딸 순애
계란말이를 싸 온 방앗간 주인 딸 명순
매실장아찌를 갖고 온 과수원집 큰아들 윤식
산골 아이들이 갖고 온 꽁보리밥에 콩나물무침
무밥에 고추장과 마른 멸치, 찐 고구마와 배추김치를
함께 버무린 푸짐한 성찬

쌀밥 싸 온 여학생과 교장선생님 눈치를 살피며
종종 해 먹던 보양식을 '꿀꿀이 비빔밥'이라 쑥덕대며

우적우적 씹었다

철이 들어 선생님 생각이 자꾸 나 수소문하여 찾았더니
섬마을 학교에서 사모님과
운동장의 불거진 바위를 깨고 계셨다

화마(火魔)

불이 났습니다
큰 산불이 났습니다

메마른 땅 거센 바람에
태백산 허리가 까맣게 탔습니다
집이 불타 사람들이 기절하고
송아지와 산새는 울고불고 난리가 났습니다

십자가는 불타고 불상은 그을려 뒹굽니다
불기운이 세기는 센가 봐요
애꿎은 빗방울은 엄두가 안 나 피해 가고
소방 헬리콥터의 두레박은 감질납니다

불이 났습니다
큰 들불이 났습니다

인정사정없는 욕심에

서울 한복판이 벌겋게 타고 있습니다
까마귀 떼 깍깍대고 아파트값 들썩거려
민초들은 열불납니다

욕심은 아무도 못 말리나 봐요
스님은 동냥거리를 찾고
목자는 나팔을 불어댑니다
사람들은 돌아앉아 눈만 껌벅입니다

불이 났습니다
가슴에 천불이 났습니다
활활 타오르는 영혼의 불꽃이
욕정의 불꽃을 모조리 태우고 있습니다

음모설에 얽힌 두더지

쥐새끼 같은 놈이라고 욕을 해도
그는 납작 엎드려 곡괭이질만 한다

그는 한평생 광부를 천직으로 삼는 산업의 역군이요
청결한 지하수를 개발하는 생명의 지킴이라는 자부심이 대단하다

끝없이 전진하는 거칠고 질긴 그의 손을 보라
흙먼지 범벅이 되어 막장을 헤쳐 나가는 형형한 눈빛을 보라
그의 기술 정보로 땅속까지 절단내는
잔인한 '벙커 버스터'가 설쳐대는 세상에서 말일세

하루 종일 뿌리를 들쑤셔 가뭄타게 한다고 원망하지만,
그는 그렇게 지독한 악질은 아니야
흙을 숨 쉬게 도와주고
뿌리가 신명 나게 뻗치도록 자유를 보장하지

빗물을 땅속에 깊이 품었다가 하늘로 끌어 올려
시나브로 단비를 내려주기도 하지

그가 라면 같은 지렁이 과자를
날름날름 삼키긴 해도 그게 뭔 대수인가
세상엔 절대 선도 절대 악도 없는 법인데
그를 함부로 욕할 수 있는가
욕망의 터널에서 발버둥치며 음모를 일삼는 괴물들,
쥐똥에 꿀물 발라 환약으로 팔아먹는 놈이나 몰아내
세나

휘날리는 태극기

 나는 대한제국 시절에 온누리를 평화롭게 다스릴 초인을 기리며 태어났다 신령스런 부적처럼 기묘한 모습이라지만 조화로운 음양의 기운을 받아 웅지 대략을 품고 있다 동북풍 세찬 바람에 허리를 꺾여 동강 난 자태라도 천대받던 장애자처럼 한풀이 춤을 미친 듯이 춤추고 있다 우주의 지붕 위에 우뚝 서서 심장이 터지도록 외치고 싶다

 낯선 서양 점성가들은, 내 몸의 빨간 반토막이 철책선 따라 아래쪽 파란 반토막과 갈라선 겉모습만 보고 생긴대로 논다고 흉을 본다 흉측한 악담도 모자라 붉은 모래바람이 푸른 초원을 덮쳐 또다시 비운의 고통이 회오리칠 거라며 쑥덕거린다 그 말을 들은 동양철학가 처녀보살은, 고요한 달빛 속에 세상을 평정할 정도령이 오길 빌며 암흑의 터널에서 횃불을 들고 쓰러져 간 원혼을 위무한다

한때는 올림픽 경기장에서 환호하다가 지금은 광화문 광장에서 촛불에 그을린 내 얼굴을 본 세종대왕은 안타까워 응원한다 무궁화나무에 진달래 가지를 접붙여 신바람에 꽃이 피도록 다 함께 손잡고 덩실덩실 춤추라 한다

　모진 광풍에 따다닥 따딱 따발총 소리처럼
　갈기갈기 찢어지는 내 울음소리가 들리는가
　오늘도 미풍에 나부끼는 향수의 노래가 들려오는데…

시 공부의 외도

90을 바라보며 시를 배우고 있습니다
시는 간결해서 좋고 여백이 있어 편안합니다

귀가 먹어 보청기를 해도 말을 잘못 알아듣고
눈이 침침해 돋보기를 써도 글자가 잘 보이지 않습니다

번번이 어휘를 잘못 읽거나 잘못 들어서
작가와 다른 나만의 생각을 합니다

'사랑'이란 글자를 '사람'이라 봤을 때나
'뿌리'라는 말을 '풀이'로 들었을 때,
낯선 골목에서 만난 장미를 장마로 보든지
국가 원수를 국가 웬수로 들어도 시가 되더라고요

부대끼며 뒹굴다가 어느새 정이 들면,
누가 사랑과 뿌리와 장미와 국가원수가 정답이라고
알려줘도 이미 가슴에 새긴 인연은 끊어지지 않습니다

〈

상노인의 고집이 시 공부를 망치기도 하지만
시심의 가지에 새순을 틔우기도 합니다

나는 시보다,
미지의 새길을 찾아가는 시인을 흠모하기에
이런 외도는 피할 수 없는 나의 외길입니다

AI가 쓴 시

편익(便益)을 탐하는 인간이
AI의 시를 초대한다

영민한 AI는 황홀한 꿈도 영감도 없이
물리를 따라 시를 꾸민다
인간이 주는 대로 받아먹고 받은 거만큼
배급하는 차갑고 똑똑한 시를 쓴다

시인의 시는 시공을 초월한 창조를 위해
모방을 거부하고 의식을 확대한다
얼어붙은 지능을 녹여 의식의 새싹을 틔우고
자기만의 꽃을 가꾼다

고독한 고뇌와 연민을 흉내내며
비정한 정보로 찍어내는 AI의 시는
향기 없는 금속의 액세서리이다

그는 그럴싸한 기교로 시를 희롱하고
시인의 자존감을 유혹하는 독버섯이다

죽으러 가는 전봉준

무죄가 혹독한 유죄가 됨을 알고부터
목숨이야 진달래 꽃잎처럼 비바람에 맡겨버렸다

상투머리 날리며 빈 들판길을 끌려가는 녹두장군
"죽음을 기다린지 오래다 빨리 내 목을 베어라"
일갈하는 그 목소리
동토에 눈발도 재우지 못하였구나

땅 밑에 엎드려 눈물 젖은 풀뿌리들
사람이 하늘이라 평등을 절규하던 수많은 주검
그 혼백 달래려 절뚝절뚝 죽음의 길을 묵묵히 걸어 간다

반외세 반봉건의 전장에 죽창 짚고 우뚝 선 봉준이,
망나니 총칼이 두려울 건가
녹두꽃 떨어져도 새봄엔 썩은 껍질 뚫고 새싹을 피우리니

〈
역사의 강물 거꾸로 흘러 폭풍에 잠잠한 민초
다 함께 일어나 횃불을 들리라
황토밭 대숲에 목마른 함성
미완의 혁명이 끝날 때까지 끊임없이 청청하여라

갑오년 봄날 꼭두새벽
녹두꽃이 떨어져 청포장수 울고 가네

* 민요 「녹두꽃 노래」를 인유하고, 안도현 詩「서울로 가는 전봉
준」을 패러디함

씨

태초에 우주를 잉태한 씨알이 있었다
그는 한얼님을 낳은 신화의 어머니요
시인을 키워 준 전설의 아버지다
잠에서 깨어난 시인처럼 심전에 영감의 씨앗을
빼곡히 뿌려 만물을 창조한다

허공에 묻혀있는 푸른 별들은 염원을 품고 있다
고추씨는 성씨가 되어 가문의 영광을 찾고
풀씨는 질긴 뿌리로 황야를 치유한다
새알은 우주를 탐색하는 자유를 꿈꾸며
대구알은 바다를 한 입에 삼키려는 기백이 완연하다

그는 진화의 의지로 세상을 개벽한다
단련된 의식의 열기는 생명을 부화하여
갈라파고스 제도의 거북이처럼 새 문화를 개척한다
빙하를 뚫는 물소리가 영원한 새싹을 틔울 즈음
꽃지고 씨앗 영글어 삶과 죽음이 하나임을 증언한다

〈
씨는 생명에 영혼을 불어넣는 태초의 신이요
꺼지지 않는 시혼을 꽃피운 최초의 시인이다

인생길 〈그림 시〉

태극기의 정체 〈그림 시〉

음양오행 태극이 온누리를 조화롭게 융합한다는 자연의 섭리가 아닌가 우주를 다스리는

태극기 형색이 빨갱이 파랭이로 분단될 팔자라고 놀리지마라

예수와 부처의 밀회 〈그림 시〉

```
            믿
            어
     하 늘 은 서
            천
            당
            이
            되                        자
  교       불꽃을 사랑하 고 각자는 침묵에 비
  장                 사                 롭
  로                 람                 다
                    은
                    닦
                    아
                    서
                    인
                    간 이 된 다
```

제2부
어린 시인의 눈물

대저 토마토

황금빛 얼굴을 볼 때마다 생각나는 사람이 있습니다
만날 때마다 가슴을 파고드는 육화된 정령이 있습니다

아버지는 소싯적에 지게를 팽개치고 대저*에 있는
일본인 농장에서 토마토 농사를 배웠습니다
한국이 해방되자 일본인은 본토로 달아나고
아버지는 토마토 재배의 개척자가 되셨습니다
어머니와 튼실한 모종을 키워 토마토와 자식들이
주렁주렁 달려 알부자로 소문이 났습니다

초등학교에 다니던 시절,
학교에서 돌아온 나는 뒷밭에 파치 토마토를 따서
애타게 기다리는 아이들에게 골고루 나눠주었습니다
아버지께서는 사정을 아셔도 모르는 체하시고
배꼽병이 전염될까 걱정이구나, 하시며
성한 토마토를 듬뿍 안겨주십니다

담임선생님 하숙집에 첫물 토마토를 선물하고
아버지 덕분에 토마토라는 별명을 얻었습니다
슬쩍 보기만 해도 새콤이 삐지다가 달콤한 미소를 짓는
그를 잘 알기에 첫눈에 반했거든요
지금도 리어카 구석에 쪼그리고 있는
시들한 토마토를 보면 반갑게 모셔옵니다

칡넝쿨처럼 헝클어진 삶의 애환을 달래며
정성껏 토마토를 기르시던 아버지가 생각납니다

* 대저 : 옛 경남 김해의 한 지명, 현재 부산시 강서지역에 있는 토마토 시배지.

혼자 하는 술래놀이

물 위를 떠다니는 내가
물밑에 잠긴 나를 찾는다
땅 위에 살아가는 내가
땅속에 묻힐 나를 찾는다

최면의 장막에 숨은 내가
깨어있는 나를 찾는다
일상의 타성에 젖은 내가
황홀한 꿈속에 잠든 나를 찾는다

순수의 극치를 요량 못해
부귀를 찾아다니는 나
남은 보이고 나는 보이지 않아
어둠 속을 맴돈다

허공을 헤매다 허무의 늪에 빠져
달콤한 쾌락을 찾는 나

세상 모든 모습이 내 모습임을 몰라
존재의 근원을 찾지 못한다

세월 따라 살아 온 내가
영혼 속에 숨은 나를 찾는다
내가 없어졌을 때 내가 잠깐 보이더니만
나를 찾았다고 방심하니 간 곳 없이 사라진다

횡재(橫財)

무청 배추 시래기도 손타던 시절
동네 꼬마들 데리고 토끼풀 캐러
양달밭을 누빈다

하얀 토끼 한 쌍이 새끼를 곧 낳으면
배내기 얻으려 충성을 다하는 아이들
눈매가 똘똘하다

찬바람이 몰아쳐 겨우살이도 귀할 무렵
토끼들은 배가 고팠는지 흔적 없이
가출해버렸다

누가 잡아갔을까
토끼 장수 아저씨를 미심쩍어하기도 했다
네 잎 클로버의 행운이 아카시아 가시에 찔렸나
아이들은 모여 앉아 사라진 꿈에 애를 태운다

한 달이 좀 지나 눈이 푹푹 내리는 새벽,
애야 빨리 나와 봐 엄니가 다급히 부르기에
방문을 박차고 나가보니 갈색 토끼 흰색 토끼들이
눈 위에 바글바글하네

뒤뜰 토담 구석에 쌓인 볏짚가리 속에 살면서
새끼를 낳았나 보다
그런데 키우지도 않은 갈색 토끼라니 이게 뭔 일이래

어느새 꼬마 친구들이 몰려와 환호한다
우와 우리 토끼, 우리 토실이 한마당이네

고향의 은덕(恩德)

낙동강 건너편에는 신령한 무척산이 있어
수로왕이 금관가야를 세웠다
그 직손은 뗏목을 타고 강을 건너
삼랑진에 터전을 잡았다
유장한 역사의 강물은 뜨거운 혈관을 의연히 흐르고
달빛 어린 광활한 풍광은 정결한 시심을 불러준다
삼랑조창*이 즐비했던 나루터에서
나는 농부의 아들로 태어나 가당찮은 꿈을 품고 자랐다
한창 때는 물비늘에 잠긴 찬란한 전설을 캐며
사상의 나래를 펴고 창공을 날고 싶었다

부모님이 다 돌아가신 후 뒤늦게 외로움을 알았다
조혼했으면 할배가 될 나이에 서울에서 첫선을 보았다
미심쩍어하던 처녀와
그 어머니는 내 고향을 탐문하러 왔다
동네 꼬마들이 낙동강 철교에서

다이빙하는 총각 대장이라고 알려주었다
그녀는 겁도 없는 사람에게 시집을 올까 말까 망설이며
동네 뒷산을 바라보았다
아늑한 양달에 흐드러진 복사꽃이 어서 오라 손짓하길래
시집오기로 마음을 정했단다

* 삼랑조창 : 1761년(영조 41년)에 세곡을 중앙 경창으로 운송하기 위해 삼랑진에 설치한 미곡 창고.

남이섬 청둥오리

북한강 남이섬에는
텃새가 되어버린 오리가 살고 있다
나뭇가지에 매달린 마른 잎새처럼
가쁜 숨을 몰아쉬며 물살을 거스른다
별빛이 청량한 강물 위에서 시어를 모으느라
밤을 지새우며 갈퀴질한다

은빛 갑옷을 입은 남이 장군의
청동색 투구는 검푸르게 황홀하다
두만강이 마르도록 백마를 몰아
까마귀 떼를 잠재우던 그 슬기
백두산이 닳도록 부리를 갈아
아무르강 메기를 무찌르는 기백이 창연하다

찬란한 승전보를 전하려 창공을 날던 시절
포승줄을 목에 두른 채 산산이 찢어진
호걸의 주검을 바라본다

비장한 시혼을 불사르며
구악구악, 통곡의 소리가 처연하다

대륙을 호령하던 넋을 찾아 강물을 움켜쥔
청둥오리의 자맥질이 한창이다

울 밑에 핀 무궁화

울 밑에 핀 무궁화는 웃지를 않습니다
즐거운 일 없으니 처량하기만 합니다
애국가를 부르며 심벌즈(cymbals)가 울릴 때는 가슴이 찢어집니다

광화문 광장에 선 무궁화는 요상합니다
세종대왕과 이순신에게 박수를 치다가
돌아서면 싸움질에 이골이 납니다
하느님을 믿으며 애먼 데서 꿍꿍이 산술을 합니다

긴긴 여름 지나가고 찬바람 불어오니
패딩으로 싸매고 마스크로 위장하여 담장을 넘어 강도짓을 합니다
오만한 창칼이 북두칠성 국자를 어지럽게 흔듭니다

태극기 휘날리며 북으로 쳐들어가는 사람,
촛불을 들고 들불이 타오르길 기도하는 사람,

허공 속의 앙상한 가지엔 초승달이 울고 있습니다

북풍한설 몰아쳐 형제는 간 곳 없고
자식 잃은 어미가 목놓아 웁니다
철조망 밑에 핀 무궁화는 한얼의 소식을 기다립니다

짙푸른 혈관에 청순한 바이칼호가 흐릅니다
천지(天池)의 시라소니와 백록담에 순록이
화창한 봄바람에 한 살림하길 두 손 모읍니다

* 김형준 작사의 「봉선화」를 인유하다.

단감나무

나는 누가 뭐래도 민족시인이다

나를 일본 출신이라니 당치 않는 소리다
황금실* 브랜드로 롯데백화점 과일점을 석권한 친구에게 억울함을 하소연한다

친구 말을 빌리면,
나는 대한제국 말년에 태어났지
내가 일본 출신이라는 건 독도를 일본 땅이라고 강변하는 거와 같으니
뿌리 없는 말은 무시하라 하네

남들은 나를 종자 없는 내시처럼 배설도 못한다며 우롱하지만
내가 본시 질긴 생명력으로 모진 세월을 살아온
신토불이의 붉은 혼임을 모르는가

나는 현대시를 쓰듯
햇살과 바람을 공유하기 위해 열린 공간을 주도한다
나는 깊은 뿌리에서 돋아난 시어를 잉태한 한겨레
시인이다

* 황금실 : 1980년대 작가의 농원에서 생산한 부유단감의 상표.

저승에서 온 편지

비행기 공중 폭파로 저승사자 안내도 없이
황급히 너와 헤어졌네
어딜 가나 소식 전하기로 약속했기에
몇 자 적어 보낸다

여긴 아무것도 없네
허튼 생각도 없어졌네
모두가 천당 갔는지 지옥 갔는지 텅텅 비어 있네
백지 한 장 그대로 달랑 띄우면 딱 맞는 풍경이네

오다가 보니 안데스 콘도르가 인간의 영혼을 물고
심어 줄 생체를 찾고 있었네
내 혼이 생명의 어떤 종(種)으로 어디에 배속될지 몰라
좀 답답하긴 하지만,
그냥 지낼만한 동네라네

저승의 인사담당관에게 난 할 일이 많으니
이승으로 돌려보내 달라며 애걸복걸했지
그는 엄숙한 말씨로, 죽음 앞에 미소 짓고
'오케이'하면 천당 보내고 발악하며 달아나는 사람은
지옥 보낸다 하네

천기누설죄로 지옥 갈 각오하고 전하는 말이니
새겨들으라고 당부해 놓았네

솔잎 지던 날

바람이 살살 기어가는 가르마길 위에
타는 목마름으로 사라지는 생명이 있다
피고 지는 순서를 지키는 목백일홍같이
가뭄살이에 차례대로 피고 지는 늘 푸른 생명이 있다

허기진 식구를 위해 송진떡을 빚어내고 잠잠히 떠나는 너,
불어오는 갈바람에 두 손을 모으고
흔들림 없이 수직으로 낙하하는 진정한 자태
슬픈 자유를 흉내 내는 유랑극단 삐에로처럼 빨갛게 웃으면서
까만 눈물을 흘리는 너는, 모진 매연에 찌들어진 주검이다
사원 별빛을 찾아 원초의 본능을 달래며
동토를 잠재우는 따뜻한 이부자리이다

산촌에 눈이 쌓이고 구름이 쌓이고 세월이 쌓여

바늘 같은 꼿꼿한 가시가 순한 솜사탕이 된다
육신을 녹여 없애고 땅속으로 침잠하는
미물의 숙명적 삶을 산다
시들한 소나무 가지에 새순 돋길 기다리며
뿌리에 잠든 솔잎의 넋을 바라본다

어린 시인의 눈물

초등학교 2학년 손녀와 시 쓰기를 한다
제목은 '우산'으로 정했다

비가 오는데 우리 옷이 젖지 않아 고맙다
그런데 우산들은 비를 맞아 아프겠다라는 구절을

서윤아,
이렇게 고쳐 쓰자

비 오는 날 나는 옷이 젖지 않아 참 고맙다
우산은 빗방울에 맞아 얼마나 아플까

서윤이는 고쳐 쓰길 거부하며 울먹거린다
내 우산 내 옷만 말하는 게 아니라네

이 글엔 자기 생각이 없어졌다며,
할아버지가 다해, 하고 돌아서 훌쩍인다

노인 예찬론

피는 꽃은 지는 꽃을 못 본 체해도
산노을이 아름다워 눈물 흘린다

찬바람이 긴 한숨을 몰아세워도
참아 온 시련이 축복이 아니던가

젊은이는 늙은이보다 용맹하지만
따뜻한 미소는 지혜의 꽃이란다

마를 날 없는 사랑 아직도 뜨거운데
옹달샘이 폭포수에 주눅 들던가

뙤약볕 찬 서리에 몸살이 나도
주름진 누런 호박에 목탁 소리 들린다

덕유산 떡두꺼비

무주 구천동 너럭바위에 느긋이 잠든 그는
신선(神仙)의 단꿈을 꾼다
붉은 치마 날리는 옥계수에 멱감는 선녀를 간질이다가
버들치처럼 바들바들 자지러진다

먼 옛날 나제통문*의 벼랑을 오르던 그는
미끄러져 떨어져 요강 꽃을 덮어쓴 화랑의 후예다
아니면, 승군(僧軍)이 되어 오랑캐를 막아내고
안국을 염원하는 수련원의 감찰사다

그는 구천 승병의 쌀뜨물을 풀어 왜병을 돌려세운
지혜로운 고승이다
6.25때 피난민을 품고 빨치산과 국방군을 숨겨 준
안타까운 어미의 화신이다

그가 어기적어기적 노구를 끌고
산까치 울음소리 들으며 덕유산을 오른다

간밤에 찬서리 내린 상고대 뿌리 밑을 드나들며 햇살을 맞는다

눈바람 낙엽처럼 쌓여 백로 탄 신선은 간 곳 없고
향적봉 떡두꺼비는 땅속에서 인고의 동면을 한다
무시로 봄날을 기다리며

* 나제통문(羅濟通門) : 무주군 설천면에 소재하는 구천동 33경 중의 제1경이며, 신라와 백제의 국경에 위치한 벼랑 바위. 1925년 신작로 개설 때 뚫은 석굴.

안경

나는 심 봉사를 눈뜨게 하는 심청입니다
연민의 눈물을 감추는 의엿한 시주승입니다
때로는 틀리게 믿는 사람을 깨워주는 갈릴레오의 망원경입니다
부질없는 환상을 지우고 실상을 찾는 관측자입니다

나는 가끔 열이 올라 밤낮없이 안갯속을 헤맵니다
하찮은 짝짓기에 매달려 똑똑한 욕심쟁이가 됩니다
전체를 외면하고 자투리 같은 분석을 일삼는 시비꾼이 됩니다
유행에 홀려 미추를 부추기는 선동자가 됩니다

나는 닦기를 좋아해 골목길을 쓸고 있는 청소부를 섬깁니다
광장의 가로등에 모여앉은 하루살이를 위무합니다
소박한 풍경화 속에 순진한 바보와 사랑을 나눕니다
나는 당신이 마음의 눈을 뜰 때까지 지켜주는 수호자입니다

은하수와 날치

바닷속에는 날씬한 몸매에 날개가 달린 날치가 살고 있다
산호초에 알을 매달고 서성이다가
만새기에 쫓겨 하늘을 뛰어오른다
여객선 갑판에 무임 승선하여 피난살이를 한다
날개에 바람이 실리면 검푸른 비행장을 박차고 우주 여행을 나선다
공중을 부양하는 마술사는 달 여행이나 화성 탐험쯤이야 부럽지 않다
날치를 위조한 로켓과 잠수함은
박쥐 같은 음모와 아귀처럼 탐욕이 득실댄다
창조주는 날치를 인간의 스승으로 점지한 건 아닐까
좌우익 구별 없이 창공을 날으는 은빛 찬란한 생명을 보라
모래알보다 많은 별들을 두루 탐색하는 날치의 심장에서
폭포처럼 쏟아지는 은하수의 물소리를 듣는다

밤에 피는 분꽃

고추잠자리 귀가를 서둘 즈음에 그녀는 출근을 준비한다
앳된 얼굴에 하아얀 분을 찍고 입술에 빨간 립스틱을 바른다
보랏빛 치마에 노란 저고리 받쳐입고 길을 나선다
쑥향에 젖은 첫사랑은 고향 언덕에 묻어 둔 채
부산 하야리아 부대에서 밤새워 춤을 춘다
위스키 잔에 속 쓰린 하품이 쏟아져도
코 큰 사람 가슴에 안겨 긴 목이 늘어지게 춤을 춘다
뽀얀 속살은 뙤약볕 큰 독침에 멍들고
수풀 속 씨앗은 부풀어 아버지의 무덤을 닮아간다
고향 집에 두고 온 병든 어머니와
어린 동생들 걱정이 태산 같다
먼 산 그림자에 피어난 무지개를 바라보며
마른 풀잎 위에 까만 씨앗을 살그미 떨군다
오늘도 고추잠자리 날개에 찬바람 실려오면
속죄의 기도를 올린다

서산에 개밥바라기별 떠오르면 꽃단장하고
푸른 별빛 찾아 길을 나선다

나의 짝꿍 건후

나는 막내 손자 손을 잡고 '어린이집'엘 다닙니다
전에 짝꿍인 손녀들은 유치한 할아버지랑
놀 틈이 없습니다

귀갓길엔 손자를 데리고 가까운 놀이터로 갑니다
"건후야 뭐하고 놀까?" 물어보면, "저거 전부 다 해."
우리는 인생살이처럼 미끄럼틀을 뒹굴며 모래밭에
보물찾기하다가 모래성을 쌓습니다

철없는 일상이지만,
날마다 새로운 나날입니다
뽀송한 기저귀가 주는 신뢰로 듬직한 친구가 됩니다

어린애와 짝꿍이 되는 건 큰 축복이지요
영혼에 스미는 영감으로 닮아가며
죽음보다 강한 사랑을 알게 됩니다

삼랑진 나루에서

낙동강 강나루를 나 홀로 걸어가면
바람에 실려 오는 쇠망치 소리에
가야의 애환들이 은은히 들립니다
유장한 강물 위에 비치는 옛 영웅들
못 잊어 못 잊어서 고개를 숙입니다

작원관 나루에서 산마루 바라보면
아득한 절벽 위에 산까치 우짖어
순국의 충혼 앞에 두 손을 모읍니다
유장한 강물 위에 비치는 옛 영웅들
못 잊어 못 잊어서 고개를 숙입니다

뒷기미 조창 터에 발길을 멈춰 서면
물길에 스며드는 뱃사공 노래에
번창한 그 시절을 목메게 부릅니다
유장한 강물 위에 비치는 옛 영웅들
못 잊어 못 잊어서 고개를 숙입니다

시(詩)와의 밀회(密會)

사는 것이 밋밋하던 어느 날
당신은 느닷없이 나를 찾아왔습니다

날이 가고 달이 가도 밤낮없이 들려오는
당신의 노랫소리가 가슴에 스며듭니다

서로 울고 웃다가 어느새 정이 들어
이제는 같이 살고 싶은 욕심까지 들었습니다

꿈길에서도 당신을 만나니 예삿일이 아니래요
부끄럼도 없이 내 말 들어달라 떼를 씁니다

꼭 전하고 싶어 몽당연필로 새긴 사연
잠 깨어 들춰보면 넋두리만 가득합니다

들킨 속내 어쩔 수 없어 눈부신 아침까지
발가벗은 채 서툰 몸짓으로 당신 옆에 잠이 듭니다

〈
바람난 시(詩) 주체하지 못할 열정
풋내나는 나의 연가(戀歌)여

제3부
어머니의 눈꽃

무당개구리

그는 굿판의 대잡이처럼 댓바람소리를 내며 신을 부른다
절벽 칼바위에서 사념의 무게를 떨쳐버리고 신을 영접한다

태초에 바이칼호에서 태어나 갠지스강을 탐방하여
신들의 혼불과 어울렸다
히말라야 만년설 속에 긴 세월의 동안거를 해제한 후,
고비사막을 들러 모래바람에 계명을 받아
신시(神市)를 찾아왔다

태백 산골 산신각에 은거하며 옹달샘을 잠잠히 유영한다
늘씬한 몸매로 황홀한 마력을 펼치니 용하다는 입소문에
온 세상 점성가들이 몰려와 자기 나라로 초빙한다

그는 매운 독으로 아메리카 황금개구리를 물리고
황소개구리를 기절시킨다
그를 본 북극곰은 몸살을 하고 잠을 깬 사자는 몸서리친다

빨간 황토 위에 푸른 초원을 키우며
등살엔 상처받은 검은 옹이를 빼곡히 달고 있다
사상의 냉혈을 따뜻한 영감으로 녹이며
삶의 고뇌를 희망의 독으로 다스린다

그는 영험한 혼령으로 세상사를 예견하여
천하의 평정을 도모한다
무당개구리는 절망하지 않는 고독한 예언가이다

일출을 보며

새해 첫날 새벽에 해를 찾습니다

해님은 한 자리에 돌고 도는데
사람들은 파도처럼 출렁댑니다

핏빛 구름 속에 탯줄 두르고
장엄한 일꾼이 태어납니다

순례자는 찬미의 노래 부르며 길을 떠나고
뜨내기들은 모래 먼지 날리며 사라집니다

갈 곳 없는 해님은 비닐하우스를 찾아
농부와 한나절 쉴 새 없이 땀을 흘립니다

한 해가 다 가도록 잊었던 구경꾼들이
해님이 보러 오면 피멍 든 가슴을 보여줍니다

제주도의 웅지(雄志)

해원(海原)에 무궁화 한 송이 피었습니다
한라산 꽃술을 에워싼 해안선

밀물에 오므리고 썰물에 피는
장엄한 꿈을 품고 있습니다

눈바람 거센 파도에 시달린 무궁화
서남쪽 천 리 밖에 피우고 싶습니다

태평양 해류를 한얼로 다스리며
평화롭고 튼실한 무궁화를 심으렵니다

바다엔 흰수염고래가 춤을 추고
백록담에 푸른 사슴 떼가 뛰놉니다

현무암 방파제 뜨락에 돌하르방이
꽃잎 물고 벙긋이 웃고 있습니다

남강에 핀 철쭉꽃

　노고단에 철쭉꽃이 흐드러지게 피던 날 내 동생 맹아는 반야봉 대불(大佛)을 찾아 지리산을 헤맨다 피아골 피죽밭에 허기져 독초를 먹고 숨졌다는 소식 들은 아버지 파성(巴城)은 한 포기 철쭉을 바위 풀로 고이 덮어 남강 변 청수헌(聽水軒) 앞 뜨락에 데리고 왔다

　서걱이는 대숲 바람에 목 메인 울음 삭이며 끈적이는 혈토(血吐) 묻은 흰 고무신이 다 닳도록 새벽길을 서성인다 가슴에 피어난 멍든 꽃송이를 흰 두루마기에 감싸 안고 눈비를 닦으며 밀납의 방을 뚫고 나온 일벌처럼 독기를 다스려 꽃떡을 빚어낸다

　깊은 들숨이 울컥 막혀 배꼽의 묵은 때를 날리며 싸움터 칡흑소의 뜨거운 콧김에 솟구친 뿔을 잠재운다 북극성 따라 도는 국자가 탈선할지라도 혼불을 밝혀놓고 얼어붙은 돌담이 뭉그러지도록 대자비(大慈悲)를 노래한다

산바람 타고 흘러온 철쭉꽃은 오늘도 남강물 위에 꽃등불을 피우고 있다

* 파성(巴城) : 구도적 민족시인 설창수의 호

홍매화의 전설

그녀는 지리산골 초가집에 하얀 박꽃으로 태어나
절집 공양간 바가지에 뜨물처럼 버려진 가시네다

화엄사 각황전(覺皇殿)* 짓던 무렵 만난
목공하는 걸승(乞僧)
남몰래 불경 읽는 그를 훔쳐보다가
사랑에 빠져 빨갛게 멍이 들었다

그는 불사(佛事)가 끝나자 득도하여 돌아온다는
말 한마디 남긴 채 떠났다
그 후 영 소식이 없어 가슴앓이하던 그녀는
각혈하며 세상을 떠났다

수십 년을 헤매어도 깨치지 못한 노승은
늦게사 돌아와 그녀의 혼백을 안고 밤을 지샜다
육보시(肉布施) 못한 업(業)을 참회하는 순간,
문득 화엄(華嚴)을 깨쳤다

〈
대웅전 단청을 빗겨 선 그녀
각황전이 맨얼굴로 묵화(墨畵)처럼 받치는
뜻을 짐작이나 할까마는
노승 다비식 하는 날 하얀 나비 한 마리
매화 꽃잎 등에 업고 창공을 날아간다

* 각황전(覺皇殿) : 1702년 화엄사 대웅전 옆에 원목으로 중건하고 단청을 하지 않은 전각임.

이르노니 바람이라

그는 갈 곳을 몰라 헤매는 방랑자였다
태초의 말씀도 태고의 통속도
거부하는 자유분방한 이단아였다

그는 본디 허공을 나는 사상의 새는 아니었다
날마다 방황하는 혼돈의 자식이요
고독한 생명의 천진한 숨결이었다

만년설 덮인 빙벽에서 바다 위를 거닐다가
햇살을 살라 먹고 우는 대숲의 노래였다

그는 한 맺힌 넋을 몰고 다니는 묘지에 잠든 도깨비였다
편익을 헤아린 믿음을 쓸어내는 청소부요
거짓된 동상을 넘어뜨리는 자유의 데모대였다

붉게 녹슨 철조망 아래 칼날 진 빈 병 속을
돌고 도는 주인 잃은 풍차였다

어머니의 눈꽃

향나무 속 가지에 피어있는 눈꽃은
음지에 살다 간 울 엄니의 얼굴

따스한 햇살이 손짓해도
말없이 돌아앉아 향을 사른다

함박눈 내리는 밤 쌀가루를 이고 찾아와
황촛불 이울도록 못다 한 옛이야기

눈물 젖은 미소를 남겨 둔 채
새벽녘 빗속으로 살그머니 가버렸네

꿈결에 피어난 성스러운 눈꽃
영원한 모정의 푸른 넋이여

사라진 마음을 찾아서

그는 끊임없이 흐르는 생각의 강이다
순서도 방향도 없이 밤낮으로 스쳐가는 바람이다
뜬구름처럼 변덕스런 그를 만날까 두렵다
눈 귀 시집 보내고 접촉을 삼가해도,
천방지축으로 날뛰는 그는 통제를 거역하는 야생마
이다
그를 따라 맺히는 영상을 찬찬히 가려보면
희로애락을 연주하는 첼로처럼 깊고 공허하다

언제 어디서 무엇을 하든지 따라다니는
그의 그림자 앞에 무장해제를 당한다
잠이 들어도 꿈길에서 안면 있는
그를 만나 거침없이 휩쓸린다
그가 상(傷)하여 근본 없는 헛소리를 하면
아무도 신뢰하지 않는다
성가시게 꿈틀대는 망념이 잠들 때까지
긴 호흡으로 말끔히 씻어내야 한다

〈
조용히 생각을 멈추고 간곳없는 그를 찾노라면
끝없는 푸른 하늘에 구름 한 점 표류하고 있다

사랑의 진화

사랑은 아무나 한다
누구나 가슴은 따뜻하기 때문이다

사랑은 아무나 못한다
누구나 생각만 가득하기 때문이다

사랑은 자기가 살아 있으면 하는 것이다
사랑은 배우지 않아도 절로 피는 꽃이기 때문이다

사랑은 자기가 죽어 있으면 하는 것이다
사랑은 텅 빈 자리에 싹이 트는 꽃이기 때문이다

사랑은 자기 됨됨이만큼 피어나는 진화의 꽃이다
사람이 익어갈수록 사랑의 존귀함을 알기 때문이다

담쟁이

흙돌담 골목길에
언제 다시 모여 노나

거목을 숙주 삼아
한사코 기어오르더니

등골이 동강 나서
널브러지다

허공을 맴돌며
황토의 혼을 찾는다

체면 지키는 사철나무

사철 내내 푸르러도 그 나무 밑엔
낙엽이 수북하다

바람이 불거나 말거나 365일 동안
하루도 빠짐없이 시나브로 피고 지는
잎새가 있다
두터운 푸른 꿈 미련도 없이 잠잠히
낙하하는 의연한 주검이 있다
눈바람 모질게 휘몰아쳐도
아린 슬픔 모르는 채
끊임없이 돋아나는 새싹이 있다

단풍잎 입에 물고 출랑대는 참새떼
바삐 스쳐 가면
그는 쑥버무리 같은 꽃잎 속에 자라난
빨간 씨앗을 터뜨린다
빛바랜 청바지 차려입고 마냥 울타리에

서 있는 울창한 자태를 누가 거부할 수 있으랴

살아있는 날까지 푸른 체면 잃지 말라는
명호(名號)를 받은 사철나무,
태연한 순환의 품성을 지키고 있다

어린 손녀의 대통령 뽑기

유치원에서 손녀를 데리고 오면서
손녀에게 물어봤다

지원아
대통령 누가 해야 돼

대통령이 뭐야
나랏일을 앞에 서서 제일 많이 하는 사람

응, 알겠어
에너지 넘치는 사람 하면 돼

그렇네
참 쉬운 일이군

지혜는
순수에서 오는 것인가

'미(美)'자의 일용(日用)

해 뜨는 날 밝으美
달 뜨는 날 만나美
비 오는 날 잠자美
눈 오는 날 걸으美

젊은 날엔 푸르美
사랑할 땐 기쁘美
늙어지면 외로우美
이별할 땐 슬프美

하늘에는 구르美
우리 영감 우스美
세상에는 근시美
우리 할멈 한수美

태어나며 우르美
긴긴밤에 아프美
베갯머리 적시美
죽어서는 모르美

홍시(紅柿)

뒷산 비탈밭에 서 있는 감나무 밑
가랑잎 헤치고 완두콩 심던 자리
한 많은 울 엄니 영영 잠들다

하얀 두건 두른 듯 감꽃이 피고
홀아비 긴 한숨에 꽃잎은 지고
오뉴월 뙤약볕에 꼬맹이들 자란다

싸늘한 산바람이 얼굴을 스치면
오글오글 붙어 앉아 체온을 나누고
찬 이슬 적시며 영글어 간다

서릿발을 맞으며 가야 하는 외길
노을이 타는 저녁 홍시가 된다

단풍잎 지는 밤

단풍처럼 아름다운 사랑은 가고
단풍보다 목이 타는 그리움만 남았습니다

생각나면 거닐자던 낙엽 쌓인 돌담길을
달빛에 은발 날리며 되돌아 거닙니다

그 말을 잊을 리야 옛일을 잊을 리야
푸른 꿈을 안고 먼 하늘을 바라봅니다

오늘도 그날 밤처럼 낙엽은 스치는데
허공을 나는 슬픈 영혼이여

단풍처럼 수줍던 사랑은 가고
단풍보다 설레는 떨림만 남았습니다

시인을 부르는 강 안개

나는 가을걷이로 땀에 젖은 태양이 쉬어가는
그늘이 되고 싶다
밤이면 차가운 별을 잠재우는
포근한 젖빛 가슴이고 싶다

이른 새벽 나는 솜털 모자 덮어쓴 채
대물을 찾아 길을 걷는다
희뿌연 들꽃 흐드러진 강가에 앉아
상념의 끈을 드리우고 시어(詩語)를 낚는다

내가 좋아했던 여인의 은빛 날갯짓은 내 눈을 멀게 한다
잠시 머물었다 헤어지는 찰나의 인연
불러도 소식없는 아득한 방황

바람에 익은 한 줄기 정서(情緒)에 나는 희망을 본다
구불구불 흐르는 강물 위 바다로 이어진

줄무늬 다리는 어서 따라오라 손짓하네

햇살에 씻겨 머리 풀어 춤추며 사라지는
나는 시인의 담담한 길동무이다

붉은 사상가

이 세상에 빨갱이는 천지에 널려있다

어둠을 헤치고 솟구치는 태양은 빨갱이
세레나데 부르던 강둑길 따라나선 달빛은 빨갱이
밤하늘에 한 획을 긋는 유성의 꼬리는 빨갱이
황홀한 찰나 청춘을 사르는 불꽃놀이는 빨갱이

정든 토담 위에 눌러앉은 줄장미는 빨갱이
파묘(破墓)한 구덩이에 핀 진달래꽃은 빨갱이
갈바람에 나부끼는 단풍잎은 빨갱이
달랑 하나 남은 까치밥 홍시는 빨갱이
작아도 철들어 매운 고추는 빨갱이

지친 몸 끌고 귀향하는 연어의 속살은 빨갱이
산노을 넘어가는 홍학의 다리는 빨갱이
톱날에 잘린 녹진한 사슴뿔은 빨갱이
황토밭에 뒹구는 지렁이는 빨갱이

진돗개 풍산개 접붙이다 할퀸 자국은 빨갱이

엘레나가 된 순이의 입술은 빨갱이
원숭이 닮은 사람의 궁둥이는 빨갱이
안 돼 오지마, 거부하는 신호등은 빨갱이
허공을 나르는 다비식의 불꽃은 빨갱이

누가 뭐래도 눈이 푹푹 쌓이는 날,
뭉텅 떨어지는 동백꽃은 빨갱이 중에서도
우리를 세뇌시키는 붉은 사상가다

한민족의 감별법

8.15광복 기념일 날,
황산벌에서

남한 북한 미국 중국 일본 5팀이
태평양컵축구대회를 한다

미국과 중국의 시합 중에
한눈 팔고 쐐주를 마셔대면 빨갱이

북한과 일본이 붙었는데
웃으며 닛뽕 닛뽕 방귀 뀌면 노랭이

남한과 북한의 경기에서
남한이 져주길 연민하면 누렁이

남북한이 단일팀 만들어
우승하길 두 손 모으면 신토불이

제4부
찔레꽃 순애보

태통령(太統領) 임명장

내가 어젯밤에 남북 통일국가의 태통령(太統領)이 되었다네
하눌님이 홍익당(弘益黨)의 당수 중에
주식 복권 코인을 한 번도 안 해본 놈을 찾더라니
바보 같은 내가 뽑혔다네

이제껏 뭘 하고 살았는지 묻길래
총잡이 10년에 농사꾼 40년을 했다고 했지
죄는 짓지 않았느냐고 미심쩍어하길래
찔레순을 좀 따먹고
망촛대에 근사미를 뿌려조져도 사람은 해치지 않았다 했지

칼 막스를 아느냐고 다그치길래
나는 칼 막 써도 칼에 피 묻히지 않는,
단풍나무에 은행나무 접붙이는 칼쟁이라며 꼬장부렸네
꿀밤 한 대 까더니만

두말 않고 마니산 제천단에서 임명장을 주었어

어리둥절 꼬나보니 하눌님이 내게 되려 사정하는 거야
머리가 둘 달린 쓸만한 외계인을 이제사 만났다며…
허 참, 요상한 개꿈일세

요상한 손님들

여름날 한낮에 사람들이 서낭당 고목나무 그늘로
나를 찾아왔다

평화롭게 미소 짓는 늙은이가,
마음을 꾸준히 닦으라 하기에 어디 사는 뉘신지 물으니
숲속에 사는 부처라네
피범벅이 된 불꽃 같은 젊은이는,
자기만 믿고 따르라 하기에 그대는 뉘신지 물으니
모래바람 속에 사는 예수라네

부처는,
자기는 사람의 자식이니 사람을 믿고 깨쳐서
극락을 맛보라 하고
예수는,
자기는 하느님의 아들이니 자기를 믿고 순종하여
영생을 얻으라 하네

〈
나는,
공짜 좋아하는 앵벌이 꾼과 피리를 불어대는
신들린 사람이 떠올라 불쑥 한마디 했지
사람을 위한 '믿음'인지 '믿음'을 위한 사람인지
당최 모르겠구먼…

여기 당산나무에 삶은 돼지머리 올려놓았으니
술이나 한 잔 하고 가지요 어험
헛기침 소리에 나는 그만 잠이 깨었네

허허 이 무슨 무당 굿하는 꿈인고

꿈에서 만난 연인

늦은 봄날 저물녘에 그립던 여인을 보았네
웨딩드레스 차림으로 환히 웃는 그녀를
캠퍼스 솔언덕에서 만났네

소식도 모른 채 긴긴 세월 흐른 후
처음 만난 이 순간
와락 껴안고 한참을 떨며 울며
꿈이라도 깨지 않게 숨을 죽였네

젊은 시절,
그대는 봉선화 꽃잎에 곱게 물들고
나는 진달래 꽃술로 온몸을 불사르다가
사나운 총칼이 사랑의 자명고를 찢어 놓았지

우리가 처음 만난 축제의 날
그대가 불렀던 '라 스파뇨라'는
아직도 내 가슴을 울리는데…

〈
그대는 변치 않는 영혼의 처녀
나는 백발의 은둔자 되어
참회의 눈물을 짓는다

전화벨 소리에 깨어보니
그녀는 안개 속으로 사라졌네
하아, 먼저 간다는 작별의 인사인가

별에서 온 사신

우주에서 온 사신이 나를 찾아왔다
자신은 신(神)이 아니고 AI도 아닌
UI(universal intelligence)이란다

무슨 일로 왔는지 물으니,
모래알만한 지구촌은 왜 시도 때도 없이 싸우며
울고불고 야단인지 자기 주인님이 알아보라 했단다
그 일은 헨리 귀신(Henry Kissinger)에게 물어보라 권했다
그는 평화공존의 전문가이지만 선택된 유대교인이라
만만치 않아 나를 찾아왔단다
나도 당신을 못내 기다렸다고 말했다

UI는 자기가 도와줄 것이 뭔지 물었다
외계인이 이 땅에 온 사실을 인간들이 알아차리면
싸움질은 뚝 그칠 거라고 알려주었다
좀 더 자세히 짚어 달라기에 사람들 앞에

똥이나 한 무더기 싸고 가면 절로 된다고 했다
자기는 똥오줌이 없어 그건 어렵다고 한다

이래서야 지구별의 모래알보다 더 많은 별들을
어떻게 다스리느냐고 타박을 주었다
전능하신 주인님은 거느리는 하늘님이 수두룩하여
그들 모두 데리고 지구촌이 멸망하기 전에
다시 강림하겠다며 서둘러 돌아갔다

믿는 사람들이 서로 떼지어 끝장 보는 세상에서
날벼락 맞을망정 한 번 더 만나고 싶은 꿈이다

시국 강연

일본 제국에서 해방된 이후 코리아 정치꾼들이
나를 시국 강사로 불렀다

휘익 둘러보니 굵직한 남북 명사들이 좌우로
갈라 앉아 서로 노려보고 있길래
나는 다짜고짜 소리쳤지

"뭘 봐, 자기는 보지 않고 왜 남을 쳐다봐"

모두가 목을 빳빳이 쳐들고 같잖아 하길래
나는 바로 쏘아붙였지

"고집만 부리더니 나라 꼴이 이게 뭐야
당신들은 이렇게 될 줄 알았잖아"

그들이 뭔 말인지 모르는 듯 눈만 멀뚱거려
나는 점잖게 타일렀다

〈

"게르만 민족은 헤겔 카페에서 베를린 맥주로 앙금을 푸는데
  우리는 남의 술에 취해 한평생을 싸워도 끝이 없으니
  한얼님의 홍익탕(弘益湯)에 소주 한 잔 같이하면 어떤감"

몇 사람이 고개를 끄떡여 나는 더욱 신나게 읊었다

"보릿고개 없애고 노벨 평화상도 먹었는데
핵폭탄이 설쳐대니 이젠 그만하고 한살림 차려보세"

듣고 있던 정치꾼들이

"저 반동 새끼 죽여라" "저 빨갱이 놈 잡아라"
고함에 잠이 깨었다
하이고 성질나서 한 번 더 꾸고 싶은 꿈이네

발왕산 주목나무

끼룩끼룩 기러기 울음 우는 주왕산
천년왕국을 꿈꾸는 고고한 수행자를 만난다

붉은 가슴 눈비 바람에 삭히며
짙푸른 고독을 별빛에 씻겨 재운 지 몇백 년

허공을 이고 좌선하는 목불(木佛)은
세월의 바람이 조각한 영묘한 생명으로 환생하는가

천 년을 비우다 못해 널부러진 주검
고로쇠나무에 기대선 핏빛 십자가

이끼 낀 돌탑 무너진 자리에 우뚝 솟아
만세를 부르는 태백산맥의 안테나로 부활했다

그대는 천연스레 삶을 노래하는 시인이다
생사의 무경(無境)을 증언하는 묵언의 수행자다

석류꽃 떨어질 때

구원의 종소리가 울리는 밤에
정념의 트럼펫이 진혼곡을 부른다

모진 바람 뙤약볕을 감당 못해
갓 난 쌍둥이 끌어안고 강물에 떨어진다

열정 어린 붉은 꿈 이루지 못한 넋을
누가 낙화라고 하던가 처절한 주검인 것을

환생의 등불 밝아오는 새벽에
청잣빛 항아리에 가을이 익어간다

과일나무 전지법

우리 집 앞마당에는 할아버지가 심은 대봉감나무가
서 있다
키만 크고 속가지가 빽빽하니 높은 산봉우리를 닮았다
감나무 원가지는 대들보 기둥인 양 우뚝한데
옆가지들은 서까래처럼 오그라붙었다
가지들이 쇠약해 열매가 잘고 잦은 병치레에 삭정이
투성이다
해걸이가 심해 대봉은커녕 소봉도 보기 어렵다

겨울날 아버지와 가지치기를 하며 시비를 가렸다
이 감나무는 장남 가지만 높게 솟았어요
형제 가지를 벌려 실하게 키워야
햇빛 잘 들고 통풍도 좋아 수확 많고 따기도 편해요

찬서리 맞아 졸깃한 여덟 씨방의 꿀맛 사랑이
주렁주렁 골고루 달리는 청목을 꿈꾸며…
나는 감나무 원기둥을 톱질로 뭉텅 잘라

새 가지를 틔우기 위해 둥글납짝하게 벌려 놓았다

세상살이 변덕스러워도
내 가슴속에 그 감나무 살포시 자라고 있다

찔레꽃 순애보

응달 외진 길가에 토박이 찔레
장미가 아니라고 홀대하련가

아서라 맑은 영혼의 향기를
그 누가 모른다 하랴

그늘진 삶의 아픔 미소로 쓰다듬고
따스한 햇살 그리는 창백한 얼굴

배고프면 나를 따먹어도 좋아,
한평생 못 만날 순박한 여인

찔레순 꺾는 허기진 손길이 다칠세라
다소곳이 고개를 숙인다

하늘을 나는 잉어 〈시조〉

강물의 깊은 곳에 잉어가 모여 산다
한평생 쌓아 올린 비늘의 갑옷에는
침략에 상처를 입은 진한 핏물 엉켜있다

토종을 절단내는 훼방꾼을 몰아낸다
짓눌린 분노로 하늘에 솟아올라
철퍼덕 육탄 소리에 어느 누가 배길건가

세월이 물속을 유영하는 오뉴월
청보리 밭이랑에 뻐꾹새 울 적에는
답답한 세상 박차고 별빛 따라 나선다

생명의 가파른 길 날개에 매달리어
신세계 바라보며 창공을 솟구친다
천지(天池)에 뛰어오르는 잉어 떼가 왔구나

민들레 송가 〈시조〉

돌밭길 잡초 속에 돋아난 민들레
밟히고 찢어져도 창칼 같은 잎 달고
가만히 낮은 자리에 엎드려 말없이 산다

서럽고 고달픈 삶 물릴 수 없어
가녀린 목 위에 꽃을 피우고
벌 나비 불러 모으며 웃으며 살고 있다

꽃잎 지고 씨앗들이 떠나갈 적에
좋은 세상 만나길 두 손을 모아 빌며
모든 것 흰 솜털처럼 훨훨 날려 보낸다

연꽃을 바라보며 〈시조〉

뻘 웅덩이에 얼음 이고 한겨울 나니
봄 여름 물뱀이 비비며 잠자리가 깝치는데
한 소녀 살며시 내민 연꽃 봉오리

부푼 가슴 켜켜이 여미며 숨 막히는 나날
보름달이 수백 번 이지러진 후에
한 여승 건네는 연꽃 한 송이

분홍빛 미소, 본 듯한 자태인데
수줍어 하얀 속살 떨고 있구나
모두들 합장을 하고 관세음보살 관세음보살

바다

그대는 세상의 실상을 비추는 전시장이다
파란 물감을 풀어 해원에 수채화를 그리며
잔잔한 해조음(海潮音)으로 신비로운 해구(海溝)에
영혼의 무늬를 새긴다

북극성 침로를 따라 뱃길을 나서면
 유빙(流冰)과 오물이 표류하고 물속에 핵고래가 잠영한다
 맑은 서정을 노래하던 윤슬은 분노로 물보라쳐
 원혼의 놀이터처럼 광란의 춤을 춘다

해연에 피난 온 푸른 아귀는 어둡고 두려운
미래를 탐색한다
출렁이는 잿빛 욕망은 독한 앙금이 되어
새 생명의 잉태를 거부한다

그 옛날 푸른 구름 속에 무지개를 걸어 놓고
메마른 대지에 단비가 되어 꽃을 피우던 그대는,
이제 악성 종양의 대수술을 기다리며
구조를 요청한다

불가사리는 히말라야산맥의 암벽에 화석이 되어
천지개벽을 예고하며 유성은 허공을 가르는 섬광으로
소멸을 시연(試演)한다
바다는 자연과 인류의 공멸을 연출하는 공연장이다

갯벌의 송가

진득한 정으로 같이 살자며 발을 붙드는 그대는,
질척한 사념의 늪을 다스려 삶의 희망을 품고 있다

잿빛 가슴에 쌓인 앙금을 순화하여
생명의 꽃을 피운다는 건 예삿일이 아니다
몸을 서로 비비며 자양분을 나눠 먹고 살아감은
연민의 공덕이 아니던가

그대는 한 곳에 붙박여 집을 지키는
수컷 농게의 완강한 집게발을 다독이며,
오글오글 모여 바지락 긁는 호미 소리에
아낌없이 베푸는 인정이 가득하다

밀물을 목마르게 기다리다가 고이 돌려보내는
그대의 여유(餘裕)는 석화(石花)처럼 아름답다
새색시의 부드러운 속살을 어루만지는 손길은
원초의 낭만처럼 황홀하다

〈
사람들의 소박한 웃음소리에 소유를 망각한 그대는,
꼬부라진 삶에 희망을 심는 질펀한 공생의 일터이다

삶의 길 <디카시>

뿌리를 목침 삼아 서서 자는 나무를 본다
가지는 바람을 먹고 높은 길로 가고
뿌리는 눈물을 먹고 낮은 길로 간다
가지는 눈치로 살고 뿌리는 기도로 산다
가지는 별 찾아 떠나고 뿌리는 아무도 몰래 흙이 된다

가랑잎 굴러서 〈디카시〉

구르고 굴러 어디로 가나

도르르 발자국 소리에
이슬이 잦아들어

그리움 돌돌 말아
본향으로 가네

허공의 일생 〈디카시〉

살아 천년 죽어 천년을 버티는 주목

살아 잠시 죽어 만년을 사는 사람

주목은 속을 비워 죽고

사람은 속을 비워 영원히 산다

외딴섬

그대는 자신을 외따로 유폐한 거센 파도를
잊지 못한다

먹구름에 둘러싸인 고향을 잃은 그대는
고독한 낭인이 되어 돌아갈 엄두를 못 내고
사람이 낯설어 만나기를 두려워한다

가깝고도 먼 곳에 떨어져 있는 그대는
물때를 기다리며 생존을 위해 인기를 불러 모아
허리가 굽도록 몸부림친다

불난리 난 고향 사람들의 안부를 물으며
꿈에서 만나는 애틋한 인연은 핏줄로 이어져
모세의 기적을 기다린다

그대는 난파선이 녹슬어가는 나루에서
밀물에 오므리고 썰물에 피어나는
무궁한 망향의 꽃이다

느티나무 옹이 〈디카시조〉

몸집은 궁글어도 마음은 따뜻하다
접동새 집이 되어 재워주고 먹여주고
가슴살 도려낸 채로 말없이 늙어가네

작품해설

다양한 도구를 통한 겸양과 치유의 시학

- 김순진(문학평론가 · 한국문인협회 이사)

작품해설

다양한 도구를 통한 겸양과 치유의 시학

김 순 진

1. 들어가는 말

왜 우리는 시를 쓰고 있는 것일까? 20여 년 전쯤에 한 문학지에서 유명시인 100명에게 "시란 무엇인가?"에 대한 인터뷰를 진행해 게재한 적이 있다. 그때 사람들은 "시는 삶이다. 시는 인생이다. 시는 밥이다. 시는 아픔이다. 시는 배우자다. 시는 자식이다. 시는 선생이다. 시는 상처를 치유하는 고약이다." 등의 수많은 대답이 나왔지만, 그중에서 가장 많은 대답은 "시는 자기구원이다."라는 대답이었다. 나는 2004년 6월에 ≪스토리문학≫을 창간하여 그해 7월에 메인스토리를 취재하러 효창동의 김남조 시인 집을 방문한 적이 있었는데, 그때 나는 김남조 시인께 "요즘 퀄리티가 떨어지는 문학잡지가 난립하고 능력이 검증 안 된 시인들이 많이 양산되는데 어떻게 생각하시나요?"라고 질문을 한 적이 있다. 그때 김남조 시인은 내게 매우 명쾌한 대답을 해주셨다. "아니, 도둑놈이 많이 나오는 게 문제지 시인이 많이 나오는 게 무슨 문제에요. 좋은 시든 형편없는 시든 시를 쓰려는 사람은 적어도 제 부모에게 감사한 줄 알고 도둑질은 안 할 거 아니에요?"라는 대답이었다. 그때 나는 "과연 유명 시인다운 말씀이구나."라며 무릎을 쳤다. 김남조 시인의 말씀처럼 시를 읽고 시를 쓰는 사람은 자신을 되돌아보는 작업에 몰두하기 때문에 불한당 같은 사람은 되지 않는다.

시를 쓰고 시집을 내는 일은 몇몇 유명시인들을 제외하고는 대부분의 시인들에겐 생산활동이라기보다 소비활동에 가깝다. 시집을 내기 위해서 몇백만 원의 비용이 들고 그것을 지인들에게 나누어주느라 또다시 우편요금과 교통비가 소요된다. 그런데 우리는 그 생산적이지 못한 일을 왜 쓰는 것일까? 그것은 고액의 봉급을 받기 위해서는 특정 대학의 특정 학과에 들어가 오랜 시간 동안 공부에 투자하는 것과 비유할 수 있다. 시를 쓰는 일은 단순히 생산적이냐, 소비적이냐에 가치판단의 기준점을 두지 않는다. 분명 시를 쓰는 일은 날마다 자신을 되돌아보는 일이요, 사물과 자연에 생명을 부여하는 일이며, 새로운 작품의 창출이기 때문에 본인의 가치를 상승시키고 가문의 가치를 상승시켜 궁극적으로 이 땅에 왔다 가는 존재의 이유를 확인하는 작업의 일환이다. 사람들은 시인들을 이슬을 받아먹고 사는 학처럼 보일는지는 모르지만, 시인들은 시대의 고민과 이웃의 고민과 개인의 고민을 치유하고, 보다 아름다운 사회를 꿈꾼다.

 김종원 시인은 다양한 도구를 장착해 시를 생산한다. 우리가 먼 곳을 보기 위해 망원경을 쓰고, 아주 작은 것을 보기 위해 현미경을 쓰듯이 김종원 시인은 아름다운 광경을 표현하기 위해 프리즘을 통하거나 만화경을 장착해 남들이 보지 못하는 아름다운 광경을 읽어내고, 마음의 온도를 높이거나 내려서 냉정한 사회를 따뜻하게 보고 상실한 사회를 냉철히 판단해낸다. 일식이나 월식을 보기 위해 촛불에 까맣게 그을린 유리 조각이 필요하듯, 그는 어둠 속에서 따스한 사회를 읽어내는 안경을 쓰고 시를 쓴다. 그래서 나는 김종원 시인의 시를 다양한 도구를 장착한 겸양과 치유의 시학이라 평한다.

그럼 이쯤에서 김종원 시인의 시 몇 수를 읽어보면서 그의 예술세계를 여행해보자.

2. 상상과 관찰의 시학

    호주산 철광석 10만 톤을 선창에 싣고 북상하여
    류큐열도를 항해 중에 태풍을 만나 거대한 화물선이 침몰했다
    나는 바닷물에 휩쓸려 혼절하여 깨어나 보니
    미지의 나라 해변에서 구조되어 치료를 받고 있다
    옛날에 홍길동이 여기에 도읍을 정한 전설을 들려주며
    나를 홍 두령님이 구원한 사람이라며 같이 살자고 청원한다
    멧돼지 바비큐에 곁들인 타피오카빵을 호식하며
    인정스런 이웃과 어울려 지낸다
    어린아이들은 숲과 모래밭을 누비며 자연을 학습하고
    어른들은 파초포로 옷을 짓고 진주조개를 캐러 다닌다

    이 나라는 권력과 재물을 사유하지 않는 게 불문율이라
    국민의 기초생활과 교육 의료는 정부가 무료로 촘촘히 보살핀다
    신성한 노동은 삶을 위한 기본 가치이기에
    인간 차별과 탐관오리가 없는 공평한 공동체 사회를

이루었다
　'로버트 오언의 뉴하모니'는 여기서 유래한 게 아닐까
　교리나 이데올로기를 벗어난 자연의 조화에 따라
　협동하는 이상촌을 건설했으니 말이다
　착취와 폭압이 없어 생활환경에 주눅 들지 않고
　자율의 질서가 있는 평화로운 지상의 천국이다

　현해탄의 검푸른 파도를 넘나드는 율도국
　그 위대한 전설은 내 가슴에 핏줄로 이어진다
　그 후예는 쿠로시오 해류처럼 강강술래 군무를 추며
　태평양 건너 아메리카 대륙을 휩쓸고 있다
　율도국 홍길동 왕의 염원을 기리며 나도 몰래 만세를 외치다가
　마누라 발길질에 퍼뜩 깨보니 꿈이었다

- 「율도국 견문록」 전문

　율도국은 어디일까? 실제로 존재하는 나라일까? 율도국은 허균이 쓴 고전소설 『홍길동전』에 나오는 가공의 이상국가다. 홍길동은 서자로 태어나 갖은 수모와 차별을 겪으면서도 평등한 세상을 꿈꾼다. 그래서 그는 소설 속에서 동에 번쩍 서에 번쩍하고 날아다니

며 사건을 해결하는 해결사로 등장해 서민들의 아픔을 치유하고 가려운 곳을 긁어주며, 평등한 사회를 이끌어간다. 그는 신출귀몰한 도술을 사용하여 날아다니기 때문에 잡히지 않고 관군을 농락하는데, 자신을 잡지 못한 임금에게 그는 병조판서의 벼슬을 요구한다. 그리고 병조판서를 임명받은 홍길동은 율도국이란 새로운 나라를 찾아 새로운 땅에 정착하고 만민이 평등한 정치를 펼치게 된다. 그 홍길동전에 나오는 율도국은 지금의 전라북도 부안 근처의 땅일 것이라는 국문학자들의 추측도 있고, 일본 오키나와의 류쿠왕국이란 학설도 있다. 율도국은 상상으로 만들어진 이상국가다. 『홍길동전』 속에서 그곳의 왕은 주색잡기로 난잡한 생활을 하고 있었고, 작가 허균은 홍길동으로 하여금 적서차별이나 탐관오리가 없는 나라, 백성이 행복한 이상국가로 나라를 이끌어간다. 그곳은 독립국가이며 조선과 사신을 보내 왕래하는 나라다. 홍길동이란 사람은 연산군때 살았던 실제 인물인데 소설 속에서는 그보다 훨씬 전인 세종때 태어나 활약한다. 김종원 시인이 꿈에서 깨어보니 자신은 "호주산 철광석 10만 톤을 선창에 싣고 북상하여 / 류큐열도를 항해 중에 태풍을 만나 거대한 화물선이 침몰했"는데 "바닷물에 휩쓸려 혼절하여 깨어나 보니 / 미지의 나라 해변에서 구조되어 치료를 받고 있"었던 것이다. 이 시는 상상심상법에 의해 쓰여진 시다. 문학이 좋은 것은 표절하지 않는다면 어떠한 상상을 해도 모두가 고귀한 창작물이며 이전에 누구도 해보지 않은 전혀 다른 상상은 더욱더 그 가치가 높아진다는 점이다. 미지의 세계를 상상하는 사람을 우리는 젊은이, 또는 개척자라 부르고 회상하는 이를 우리는 꼰대, 또는 늙은이라 부른다. 김종원 시인의 몸은 연로하셨지만, 생각은 개척자이며 젊은이의 사고방식을 가지고 있는 것이다.

    비빔밥을 먹으면 떠오르는 사람이 있다
    초등학교 시절 사범학교 갓 나온
    우재근 담임선생님

    오늘은 비빔밥 한번 해 먹자 하시며
    점심 도시락을 전부 거두어 양철함지에 붓고
    밥주걱으로 쓱쓱 비벼 골고루 나눠 주신다

    하얀 쌀밥에 소고기 조림을 싸 온 면장 딸 순애
    계란말이를 싸 온 방앗간 주인 딸 명순

매실장아찌를 갖고 온 과수원집 큰아들 윤식
산골 아이들이 갖고 온 꽁보리밥에 콩나물무침
무밥에 고추장과 마른 멸치, 찐 고구마와 배추김치를
함께 버무린 푸짐한 성찬

쌀밥 싸 온 여학생과 교장선생님 눈치를 살피며
종종 해 먹던 보양식을 '꿀꿀이 비빔밥'이라 쑥덕대며
우적우적 씹었다

철이 들어 선생님 생각이 자꾸 나 수소문하여 찾았더니
섬마을 학교에서 사모님과
운동장의 불거진 바위를 깨고 계셨다

- 「양철통 비빔밥」 전문

비빔밥은 한국 고유의 음식이다. 지금은 식당에서 비빔밥이란 음식을 팔고 있지만, 옛날에는 육개장이나 해장국처럼 여러 사람이 먹으려고 상업적으로 고안된 음식이 아니라, 찬거리가 적거나 입맛이 없을 때 고추장과 참기름을 넣어 비벼먹던 풍습에서 유래된 음식이다. 어릴 적 홀로 사시던 할머니 댁의 땔나무를 한 단 해다 드리면, 할머니께서는 화로 위에 양은냄비를 얹어 김치를 쫑쫑 썰어넣고 참기름을 한 방울 떨어뜨려 찬밥을 비벼주셨다. 그때 나는 그 비빔밥이 먹고 싶어 날마다 나무를 하러 다녔었다. 당시엔 온장고나 전기밥통이 없던 시절이라 밥을 보온하는 일이 고작 아랫목에 이불로 덮어놓는 방법뿐이었는데, 그래서 겨울이면 화롯불 위에 양푼을 얹어 비벼 먹는 경우가 많았다. 이 시는 추억을 소재로 한 관찰시이다. 말하자면 비빔밥 속에 숨어있는 사상을 잘 관찰해낸 시다. 초등학생 시절에 우재근 담임선생님께서 비벼주신 양철함지 비빔밥이 얼마나 맛이 있었으면 구순에 가까운 김종원 시인께서 지금도 기억을 하시는 것일까? 그것은 단지 밥맛 때문은 아닐 것 같다. 그때 그 비빔밥은 공동체를 상징한다. 여자아이가 가져온 도시락이건 남자아이가 가져온 도시락이건 모두 함께 넣어 비빈 비빔밥은 우리 반이라는 공동체의 일원으로 반원 전체를 묶어 주었던 것이다. 그때 그 비빔밥은 평등을 상징한다. "하얀 쌀밥에 소고기 조림, 계란말이, 매실장아찌, 꽁보리밥에 콩나물무침, 무밥에 고추장과 마른 멸치, 찐 고구마와 배추김치"가 들어간 비빔밥에는 하얀 쌀밥에 소고기 조림을 가져왔다는 우쭐거림도 꽁보리밥에 콩나물무침을 싸 왔다는 의기소침함도 함께 버무려져 부유함과 가난을 평등하게 만들어 주었던 것이다. 그 우재근 선생님이 그런 평등의 기회를 줄 수 있었던 원인은 나중에 찾아가 뵌 "섬마을 학교에서 사모님과 / 운동장의 불거진 바위를 깨고 계셨"던, 즉 어린 학생들이 다칠까봐 나를 내려놓고 바위를 깨며 틀을 깨는 낮출 수 있는 혜안이 있었기 때문이리라. 그래서 그 선생님한테 공부한 김종원 시인이 '언제나 공동체를 위해 나를 내려놓고 희생하시는 것이 아닌가?'하는 생각이 든다.

3. 개성과 객관적상관물의 중요성

초등학교 2학년 손녀와 시 쓰기를 한다
제목은 '우산'으로 정했다

비가 오는데 우리 옷이 젖지 않아 고맙다
그런데 우산들은 비를 맞아 아프겠다라는 구절을

서윤아,
이렇게 고쳐 쓰자

비오는 날 나는 옷이 젖지 않아 참 고맙다
우산은 빗방울에 맞아 얼마나 아플까

서윤이는 고쳐 쓰길 거부하며 울먹거린다
내 우산 내 옷만 말하는 게 아니라네

이 글엔 자기 생각이 없어졌다며,
할아버지가 다해, 하고 돌아서 훌쩍인다

- 「어린 시인의 눈물」 전문

시를 쓰는데 마음대로 되지 않는 초등학교 2학년의 손녀딸 서윤이와 시인으로서 한 마디 가르쳐주고 싶은 할아버지의 마음이 잘 나타나 있는 시다. 특히 "이 글엔 자기 생각이 없어졌다며 / 할아버지가 다해, 하고 돌아서 훌쩍"이는 손녀딸의 말은 시를 쓰는 데 있어 매우 중요한 대목이다. 고려대 미래교육원에서 시를 가르치는 나는 가끔 수강생들에게 이와 똑같은 도전을 받는다. 글쓰기에 있어 가장 중요한 것은 자신의 생각이다. 그것을 우리는 개성이라고 말한다. 개성이란 다른 사람들과 차이를 나타내는 변별력으로, 개성 때문에 좋은 글로 평가받을 수 있다. 똑같이 바람을 노래하고 달을 희롱하기 때문에 생긴 말이 음풍농월(吟風弄月)이다. 이 말은 시조에서 자주 쓰는 말인데, 개성이 없다는 말로 풀이할 수 있다. 시조가 인기가 떨어진 이유도 거기에 있다. 조선시대의 시조는 성군(聖君), 즉 임금을 칭송하는 노래나, 효도(孝道)를 부추기는 노래, 그리고 남녀의 유별(有別)함을 강조하는 노래의 주제와 자연만을 소재로 쓰다 보니 시조가 나아갈 방향이 상대적으로 좁아져서 독자의 폭이 급격히 좁아졌다. 그에 반하여 조선 중엽 이후 가사문학(歌辭文學) 시대에 접어들어서는 관동별곡, 성산별곡, 사미인곡 등 관심사가 유람, 미인 등 다양해지면서 독자와 작가가 폭발적으로 늘어나게 되었으니, 그것이 개성이다. 서윤이와 할아버지 김종원 시인의 의견이 충돌한 부분은 서로의 생각이 다름인데 그것을 개성이라 한다. 그래서 나는 강의시간에 늘 "내 맘대로 쓰면 더 좋다."고 말한다. 수업시간에 나는 자주 김종원 시인과 부딪친다. 이유는 김종원 시인이 생각하는 부분, 개성을 미처 깨닫지 못하고 첨삭을 진행하기 때문이다. 그래서 나는 "저는 가르치는 사람으로 집중할 뿐, 여러분의 시집에서는 여러분 마음대로 쓰시면 됩니다."라고 강조한다. 개성이 강한 사람은 자기 시를 더 잘 쓸 수 있는 가능성이 높은 사람이기 때문이다.

> 향나무 속 가지에 피어있는 눈꽃은
> 음지에 살다 간 울 엄니의 얼굴
>
> 따스한 햇살이 손짓을 해도
> 말없이 돌아앉아 향을 사른다
>
> 함박눈 내리는 밤 쌀가루를 이고 찾아와
> 황촛불 이울도록 못다 한 옛이야기
>
> 눈물 젖은 미소를 남겨 둔 채
> 새벽녘 빗속으로 살그머니 가버렸네
>
> 꿈결에 피어난 성스러운 눈꽃
> 영원한 모정의 푸른 넋이여
>
>   - 「어머니의 눈꽃」 전문

우리 민족을 흔히 백의민족이라고 했다. 왜 그런 말

이 생겨났을까? 그것은 면화(棉花), 즉 목화솜으로 짠 광목천으로 만든 옷을 많이 입었기 때문이다. 그러니까 오늘날처럼 염색 기술이 없었던 시절에 면화로 짠 옷을 입는다든지, 삼베로 짠 옷을 입는 것은 당연한 일이었고, 때문에 우리 민족이 백의민족(白衣民族), 하얀 옷의 민족이란 별칭을 얻었던 것이다. 그렇기에 어머니를 하얀 눈꽃으로 비유한다는 것은 매우 자연스러운 일이다. 시에 있어 표현하고자 하는 원관념, 즉 어머니를 그냥 '그립다', '보고 싶다'라고 해서는 안 된다. 그것은 시를 공부하지 않은 사람들의 원초적 창작행위다. 적어도 시를 공부한 사람이라면 김종원 시인처럼 '눈꽃'이라는 보조관념의 객관적상관물을 통하여 원관념 '어머니'를 운반하여야만 한다. 그래서 나는 늘 학기 초가 되면 수강생들에게 미국 태생의 영국 시인 T.S 엘리어트의 "모든 시는 객관적상관물에 의해 운반되어야만 한다."는 말을 따라 해보라고 강조하는 것이다. 그러니까 객관적상관물에 의해 운반되고 있는 김종원 시인이 쓰는 대부분의 시는 시의 기법을 전체적으로 잘 이해하고 쓰는 시이기 때문에 그만큼 시적 완성도가 높을 수밖에 없다. 우리가 주식으로 먹는 밥도 하얀색이고, 그 밥으로 만드는 가래떡이나, 백설기 또한 하얀색으로 하얀 광목저고리에 검정치마를 입고 머리에 흰 수건을 두른 우리의 어머니들까지 우리는 흰색을 좋아하는 민족이었음은 두말할 나위가 없다. 흰색은 순수를 상징한다. 순수란 거짓의 반대말로 가식이나 꾸밈이 없다는 말이다. "눈이 온 날 가장 먼저 걸어간 발자국은 다른 사람의 길이 되기 때문에 함부로 걸어가지 마라."는 말도 있다. 그만큼 흰색은 새로운 시작의 상징이기도 하다. 그리고 흰색은 깨끗함을 나타내며 긍정을 말하기도 한다. 나는 자주 그림을 그린다. 하얀 캠버스에 물감을 입혀가다 보면 카타르시스를 느낀다. 그러니까 하얀색은 무엇이든 받아들일 수 있는 개방적인 자세를 가지고 있다. 그리고 하얀색은 여백, 즉 여유를 나타내기도 해서 캔버스가 꽉 찬 그림보다 여백의 미가 강조된 한국화의 사군자 그림을 마주할 때 우리는 뭔가 시원하거나 넉넉함을 느끼게 된다. 그러니까 이 시에서 '눈꽃'은 어머니를 운반하기 위한 객관적상관물로 어머니는 '낳는 사람' 즉 시작의 상징이요, '먹이는 사람' 즉 베품의 상징이며, '기르는 사람' 즉 가능성의 상징으로서 매주 중요한 시의 소재이며 김종원 시인은 원관념과 보조관념을 매우 효과적으로 사용하고 있는 것이다.

4. 자연에 대한 경외심 표출

그는 굿판의 대잡이처럼 댓바람소리를 내며 신을 부른다
절벽 칼바위에서 사념의 무게를 떨쳐버리고 신을 영접한다

태초에 바이칼호에서 태어나 갠지스강을 탐방하여
신들의 혼불과 어울렸다
히말라야 만년설 속에 긴 세월의 동안거를 해제한 후,
고비사막을 들러 모래바람에 계명을 받아
신시(神市)를 찾아왔다

태백산골 산신각에 은거하며 옹달샘을 잠잠히 유영한다
늘씬한 몸매로 황홀한 마력을 펼치니 용하다는 입소문에
온 세상 점성가들이 몰려와 자기 나라로 초빙한다

그는 매운 독으로 아메리카 황금개구리를 물리고
황소개구리를 기절시킨다

그를 본 북극곰은 몸살을 하고 잠을 깬 사자는 몸서리
친다

빨간 황토 위에 푸른 초원을 키우며
등살엔 상처받은 검은 옹이를 빼곡히 달고 있다
사상의 냉혈을 따뜻한 영감으로 녹이며
삶의 고뇌를 희망의 독으로 다스린다

그는 영험한 혼령으로 세상사를 예견하여
천하의 평정을 도모한다
무당개구리는 절망하지 않는 고독한 예언가이다

- 「무당개구리」 전문

 무당개구리를 이렇게 그윽하고 깊은 눈으로 관찰할 수 있다는 것은 정말 대단한 시적 혜안이다. 무당개구리의 등은 초록색 바탕에 검은 점이 섞여 있고, 배 부분은 붉은 바탕에 검은 점이 섞여 있는 개구리로서 주로 산간 지방에 서식한다. 내가 아주 어릴 적엔 높은 산의 계곡에만 있었는데, 어느 날 민가까지 내려와 못자리 논이나 모를 낸 논에서 번식했다. 독성이 있어 식용으로 먹을 수 없고, 생명력이 강인하여 삽으로 때

리거나 발로 밟아도 쉽게 죽지 않는 특성이 있다. 무당개구리라는 이름은 아마도 무당들의 옷이 붉은 바탕에 알록달록하여 붙여진 이름이거나, 기도를 올리는 서낭당 같은 곳이 푸른 나무로 둘러싸여 있고, 그곳에 붉은 만장이나 천을 묶어놓은 것에 비유하여 붙여진 이름일 게다. 요즘은 무당들이 굿을 하는 장면을 잘 볼 수 없지만 내가 어릴 적만 해도 아프거나 무슨 일이 생기면 굿을 하는 것을 자주 목격할 수 있었다. 그만큼 미신이 우리 생활과 밀접하게 이어져 왔는데, 미신타파라는 이름으로 기독교가 성행하게 된 것은 이해할 수 있지만, 그런 명목으로 우리의 설화나 민화가 거의 사라지게 됐다는 것은 안타까운 일이다. 김종원 시인은 "사상의 냉혈을 따뜻한 영감으로 녹이며 삶의 고뇌를 희망의 독으로 다스"리는 "무당개구리는 절망하지 않는 고독한 예언가이다"라며 무당개구리를 영적 존재로 바라보고, 게다가 절망을 모르는 고독한 예언가의 호칭까지 붙여주니, 그야말로 김종원 시인의 관찰력과 상상력이 아니면 생산될 수 없는 개성의 시구(詩句)다.

응달 외진 길가에 토박이 찔레
　　　장미가 아니라고 홀대하려는가

　　　아서라 맑은 영혼의 향기를
　　　그 누가 모른다 하랴

　　　그늘 진 삶의 아픔 미소로 쓰다듬고
　　　따스한 햇살 그리는 창백한 얼굴

　　　배고프면 나를 따먹어도 좋아,
　　　한평생 못 만날 순박한 여인

　　　찔레순 꺾는 허기진 손길이 다칠세라
　　　다소곳 고개를 숙인다

　　　　　　　　　　　　　－ 「찔레꽃 순애보」 전문

　앞서 「어머니의 눈꽃」이란 시에서 백색의 상징에 대해 언급한 바 있듯이 백색은 순수, 시작, 긍정, 가능성 등의 다양한 상징으로 나타난다. 우리가 찔레꽃을 그리워하는 이유도 그런 이유다. 대한민국의 어느 벌판이나 지천으로 널린 찔레꽃은 다섯 개의 하얀 꽃잎과 그 가운데에 돋아난 노란 꽃술이 정말 아름다운 꽃이다. 길게 올라온 연한 찔레순은 보릿고개 시절 우리나라 국민들에게 중요한 간식거리가 돼주었다. 어릴 적 어머니가 산나물을 하러 갔다 돌아오시면 풀어놓던 산나물 보따리에서 꼭 나오던 찔레와 싱아(시경이), 박완서 작가가 『그 많던 싱아는 누가 다 먹었을까』라는 자전적 장편소설을 써 싱아를 알렸지만, 찔레꽃은 스스로 우리 가슴에 와서 심어지고 피어나며 자라고 있는 꽃이다. 그리고 빨갛게 익는 찔레 열매는 겨울철 새들의 먹이가 돼주기도 했는데, 요즘은 항산화 성분인 비타민 C와 폴리페놀이 풍부해 이를 달여서 마시면 장운동을 도와 변비예방과 위장을 보호하고 소화기능을 촉진해주는 역할을 한다고 한다. 구내염, 관절염, 근육통, 신경통 완화에도 효과가 있다고 전해진다. 가수 장사익 선생은 「찔레꽃」이란 노래를 처연하고도 호소력 있게 불러서 일약 스타덤에 올랐는데, 특히 "하얀 꽃 찔레꽃 / 순박한 꽃 찔레꽃 / 별처럼 슬픈 / 찔레꽃 향기는 너무 슬퍼요 / 그래서 울었지 / 밤새워 울었지 / 목 놓아 울었지"라며 부르는 「찔레꽃」 노래는 외국에 살고 있는 교포들이나 중장년 층에게 매우 인기가 있는데 김종원 시인의 이 시도 가운데 연을 후렴으로 해서 악보를 붙이면 호소력 있는 노래가 될 것 같다.

이상에서처럼 김종원 시인의 시 몇 수를 읽어보면서 그의 정신세계를 여행해보았다.

이를 정리하자면 김종원 시인은 첫째로 미래를 여행할 수 있는 자세를 가지고 사물을 대한다. 그 대상이 얼음의 나라이든 용광로의 나라이든 상관 없다. 왜냐하면 미래로의 여행은 직접 여행을 하는 것이 아니라, 상상으로의 여행이기 때문에, 언제 어디서든 여행을 할 수 있는데, 회상에 몰두한 사람은 미래를 여행할 수가 없다. 그리고 그는 내가 아닌 타자 즉 사물에 대하여 입장을 바꾸어 나무가 되거나 바위가 되어 그들의 세계를 관찰해내고 있었는데 이를 상상과 관찰의 시학이라 형한다. 둘째로 김종원 시인의 시는 매 시마다 그만의 특별한 개성이 나타난다. 해박한 지식과 상상력, 그리고 객관적 상관물을 이용한 그의 시는 그만의 개성을 나타내고 있는데, 이를 문학용어로 변별력이라 말할 수 있다. 같은 구름, 같은 바람을 써도 자기의 특징을 버무려 내기 때문에 다른 시와는 구분되는 변별력이 있어야 하는데, 김종원 시인의 시는 이에 부합한다. 셋째로 자연은 인간의 안식처요 식량의 보고이지만, 조금 더 깊이 들어가면 인간은 자연의 일부이며 인간이 자연을 함부로 할 권리는 없다. 그래서 김종원 시인은 자연을 통해 진리를 깨닫고 자연을 통해 부모님의 고마움과 그리움을 표출한다. 말하자면 김종원 시인의 시는 다른 사람과 같이 자연의 시를 쓰더라도 심적인 깊이와 관찰력이 깊어 자연에 대한 경외심을 표출하고 있는 것이다.

시집의 상재를 진심으로 축하드린다.

김종원 시집

율도국 견문록

초판발행일 2025년 10월 22일

지은이 : 김종원
펴낸곳 : 도서출판 문학공원
발행인 : 김순진
편집장 : 전하라
디자인 : 김초롱
등록 : 2004년 3월 9일 제6-706호
주소 : (우편번호 03382)서울 은평구 통일로 633
       녹번오피스텔 501동 302호 스토리문학사
전화 : 02-2234-1666
팩스 : 02-2236-1666
홈페이지 : https://blog.naver.com/ksj5562
이메일 : 4615562@hanmail.net

※ 잘못된 책은 교환해 드립니다.
※ 책값은 뒤표지에 있습니다.